Para o meu amor ...

Revisão
Nanete Neves
Rachel Fleischner

Capa
Rafael Brum

Projeto gráfico e diagramação
Débora Terrengui

Editor
Juan Carlos Martinez

Coordenador de Produção
Mauro W. Terrengui

1ª edição - Abril 2018

Impressão e acabamento
Imprensa da Fé

Editora Hagnos
Av. Jacinto Júlio, 27
04815-160 - São Paulo - SP -Tel/Fax: (11) 5668-5668
hagnos@hagnos.com.br - www.hagnos.com.br

Dados Internacionais de Catalogação na Publicação (CIP)
(Câmara Brasileira do Livro, SP, Brasil)

Seu amor é melhor que chocolate /
organizado por Editora Hagnos . -- Vários autores. --
São Paulo : Hagnos, 2018.

ISBN 978-85-243-0549-8

1. Poesia brasileira - Coletâneas.

10-02806 CDD-869.9108

Índices para catálogo sistemático:
1. Coletâneas : Poesia : Literatura brasileira 869.9108

Beijo Eterno (trecho)

Quero um beijo sem fim, que
dure a vida inteira e aplaque o
meu desejo!

Olavo Bilac (1865- 1918)

COMPLETA

Há algo sobre estar com você.
Algo que tem que estar certo
Porque parece tão verdadeiro.
Você traz uma sensação de calma
Para este mar agitado.
Você desperta todos os sentidos do meu ser
Quando estamos só você e eu.
Baixo a guarda.
Meu coração fica completamente aberto ...
Minha alma encontrou o seu par.
Porque desde que eu conheci você,
Eu me tornei completa.

Autora desconhecida

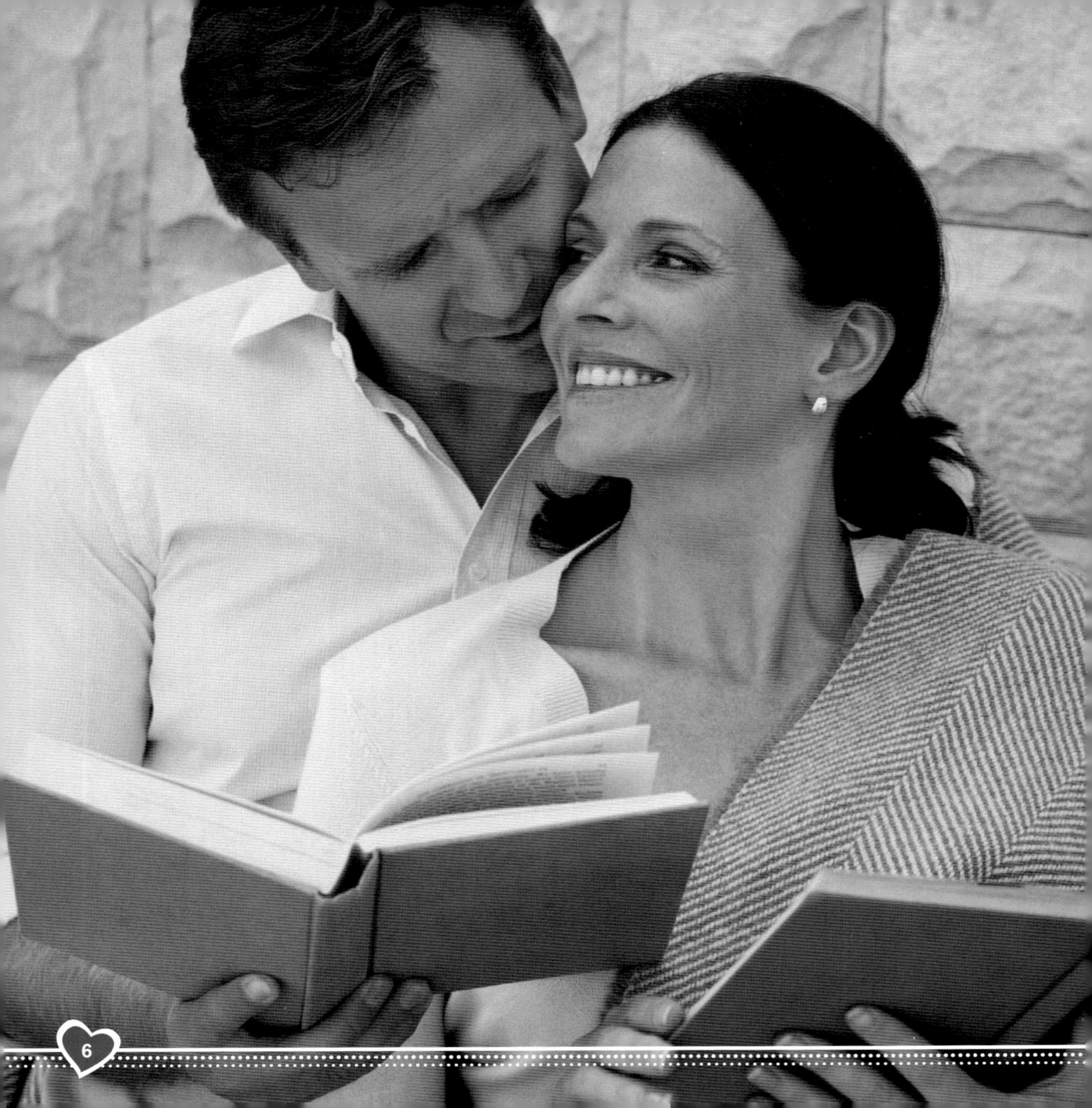

Homem e mulher

O homem é a mais elevada das criaturas;
A mulher é o mais sublime dos ideais.

O homem é o cérebro; a mulher é o coração.
O cérebro fabrica a luz; o coração, o amor.
A luz fecunda; o amor ressuscita.

O homem é forte pela razão;
A mulher é invencível pelas lágrimas.
A razão convence, as lágrimas comovem.

O homem é capaz de todos os heroísmos
A mulher de todos os martírios.
O heroísmo enobrece; o martírio sublima.

O homem é um código; a mulher é um evangelho.
O código corrige; o evangelho aperfeiçoa.

O homem é um templo; a mulher é o sacrário.
Ante o templo nos descobrimos;
Ante o sacrário nos ajoelhamos.

O homem pensa; a mulher sonha.
Pensar é ter no crânio uma larva;
Sonhar é ter na fronte uma auréola

O homem é um oceano; a mulher um lago.
O oceano tem a pérola que adorna;
O lago, a poesia que desnuda.

O homem é a águia que voa;
A mulher é o rouxinol que canta.
Voar é dominar o espaço;
Cantar é conquistar a alma.

Enfim, o homem está colocado
onde termina a terra,
A mulher, onde começa o céu.

Victor Hugo (1802- 1885)

Um velho relógio de sol

O tempo voa,
o sol nasce,
e as sombras caem.
Deixe o tempo fluir.
O amor é sempre superior a tudo.

Autor Desconhecido

O amor

O amor é uma força poderosa, grande e completamente bom.
Só o amor ilumina todo medo, e torna os lugares tempestuosos em calmaria.
Conduz todo o sofrimento em nada, e torna toda a amargura em doçura agradável.

Nada é mais doce do que o amor.
Nada mais forte,
Nada mais sublime,
Nada mais agradável,
Nada mais completo ou melhor no céu ou na terra; o amor é nascido de Deus.

Amor voa, corre e pula de alegria.
É gratuito e irrestrito.
O amor não conhece limites, mas ardentemente transcende todas as fronteiras,
O amor não sente peso, não leva em conta a labuta, esforça-se além de sua força.

O amor não vê nada de impossível,
sente-se capaz de alcançar todas as coisas.
É estranho e eficaz, enquanto aqueles que carecem de amor desfalecem e definham.

O amor não é volúvel e sentimental,
nem é a intenção de vaidades.
Como uma chama viva e uma tocha acesa,
ele surge ascendente e certamente supera todos os obstáculos.

Thomas à Kempis (1379-1471)

Vínculo

Daqui em diante,
haverá um vínculo
tão intenso entre nós
que, quando um chorar,
o outro sentirá
gosto de sal.

Autor Desconhecido

Beleza maior

Esta é a pergunta: "Pode haver algo mais belo na vida do que um rapaz e uma moça, de mãos entrelaçadas e corações puros, a caminho do casamento? Pode haver coisa mais linda do que o amor jovem?"

E a resposta é: "Sim, existe beleza maior. É o espetáculo de um homem e uma mulher idosos terminando juntos sua jornada. Suas mãos nodosas continuam entrelaçadas; têm o rosto sulcado, mas radiante; seus corações, fisicamente curvados e exaustos, batem forte com amor e dedicação um pelo outro". Há algo mais belo do que o amor jovem: o amor velho.

Autor Desconhecido

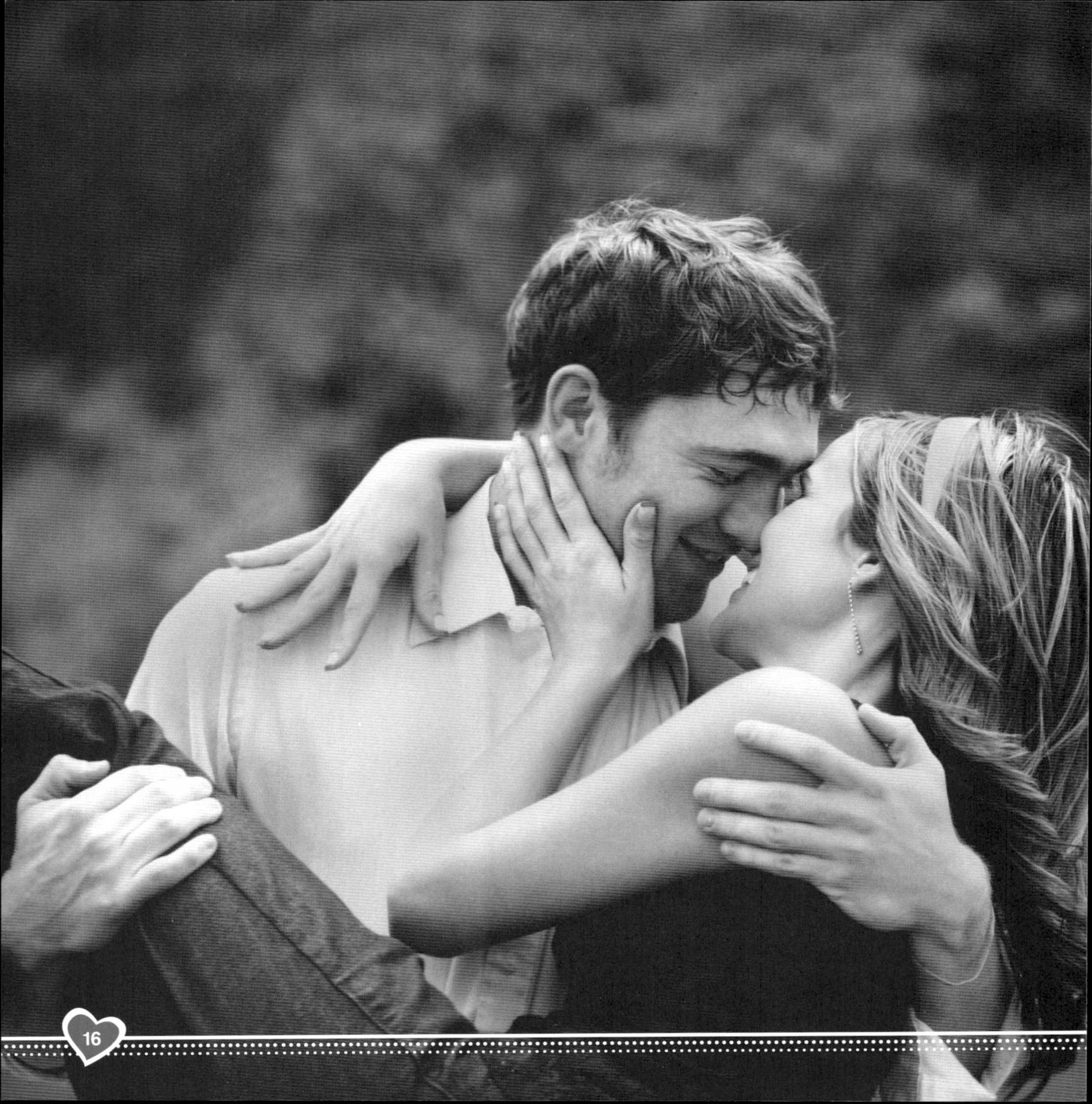

O Amor
Aceita, conduz, conforta, defende,
Enriquece, perdoa, floresce e ampara.

O Amor
Inclui, une, participa, presta atenção,
Motiva, observa, esquece
e provê.

O Amor
Acalma, respeita, surpreende, tenta,
Compreende, oferece-se, aquece,
espera e concede.
O amor em ação adiciona energia à vida.

Autor Desconhecido

amar é...

acariciar com as palavras,
Ouvir com o coração,
Beijar com os olhos,
Amar com a alma...
Apaixonar-se quando está em seus braços
e acordar em seus sonhos...
Amar é dois unidos em uma só carne.
O amor é uma tela oferecida pela natureza
e bordada pela imaginação...
O dom supremo do amor verdadeiro
é oferecido pelo Criador.

Autor Desconhecido

A que devo comparar-te? (Soneto 17)

Se te comparo a um dia de verão
És por certo mais belo e mais ameno
O vento espalha as folhas pelo chão
E o tempo do verão é bem pequeno.

Às vezes brilha o Sol em demasia
Outras vezes desmaia com frieza;
O que é belo declina num só dia,
Na terna mutação da natureza.

Mas em ti o verão será eterno,
E a beleza que tens não perderás;
Nem chegarás da morte ao triste inverno:

Nestas linhas com o tempo crescerás.
E enquanto nesta terra houver um ser,
Meus versos vivos te farão viver.

William Shakespeare (1564-1616)

Ceder não significa parar de me preocupar;
significa que eu não posso resolver os problemas da
outra pessoa.
Ceder não significa me isolar;
significa que eu não posso controlar a vida de outra pessoa.
Ceder não é tornar as coisas mais fáceis,
mas extrair lições das consequências de nossos atos.
Ceder é admitir que tenho limitações,
o que significa que o resultado final não depende de mim.
Ceder é não tentar modificar ou culpar outras pessoas;
eu só posso modificar a mim mesmo.
Ceder não significa deixar de prestar assistência;
significa continuar a demonstrar interesse.
Ceder não é jogar a culpa no outro,
mas ter espírito de solidariedade.
Ceder não é julgar,
mas admitir que a outra pessoa é um ser humano.
Ceder é não se intrometer tentando resolver
problemas alheios;
é permitir que as pessoas encontrem soluções
por conta própria.
Ceder é deixar de ser protetor;
é permitir que a outra pessoa enfrente a realidade.

Ceder não é rejeitar, mas aceitar.
Ceder não significa resmungar, censurar ou discutir;
significa aceitar as próprias falhas e corrigi-las.
Ceder não significa adaptar tudo conforme meus desejos,
mas aceitar cada dia como ele é e apreciar cada momento.
Ceder é não criticar nem controlar o outro,
mas tentar me transformar na pessoa que eu gostaria de ser.
Ceder não é arrepender-se do passado,
mas adquirir experiência e viver para o futuro.
Ceder é temer menos e amar mais.

Autor Desconhecido

"A maior felicidade é a certeza de sermos amados apesar de ser como somos."

Vitor Hugo (1802- 1885)

O SEGREDO

Até mesmo o casal mais dedicado passa,
de vez em quando, por tempestades.
Uma avó, ao celebrar as bodas de ouro,
revelou o segredo de um longo e feliz casamento:
- No dia de meu casamento decidi fazer
uma lista das dez falhas de meu marido que,
em benefício de nosso casamento,
eu ignoraria – disse ela.
- Na verdade, nunca cheguei a escrever essa lista.
Mas sempre que meu marido fazia alguma coisa
que me desagradava, dizia para mim mesma:
"Sorte dele, pois essa é uma das dez!"

Autor Desconhecido

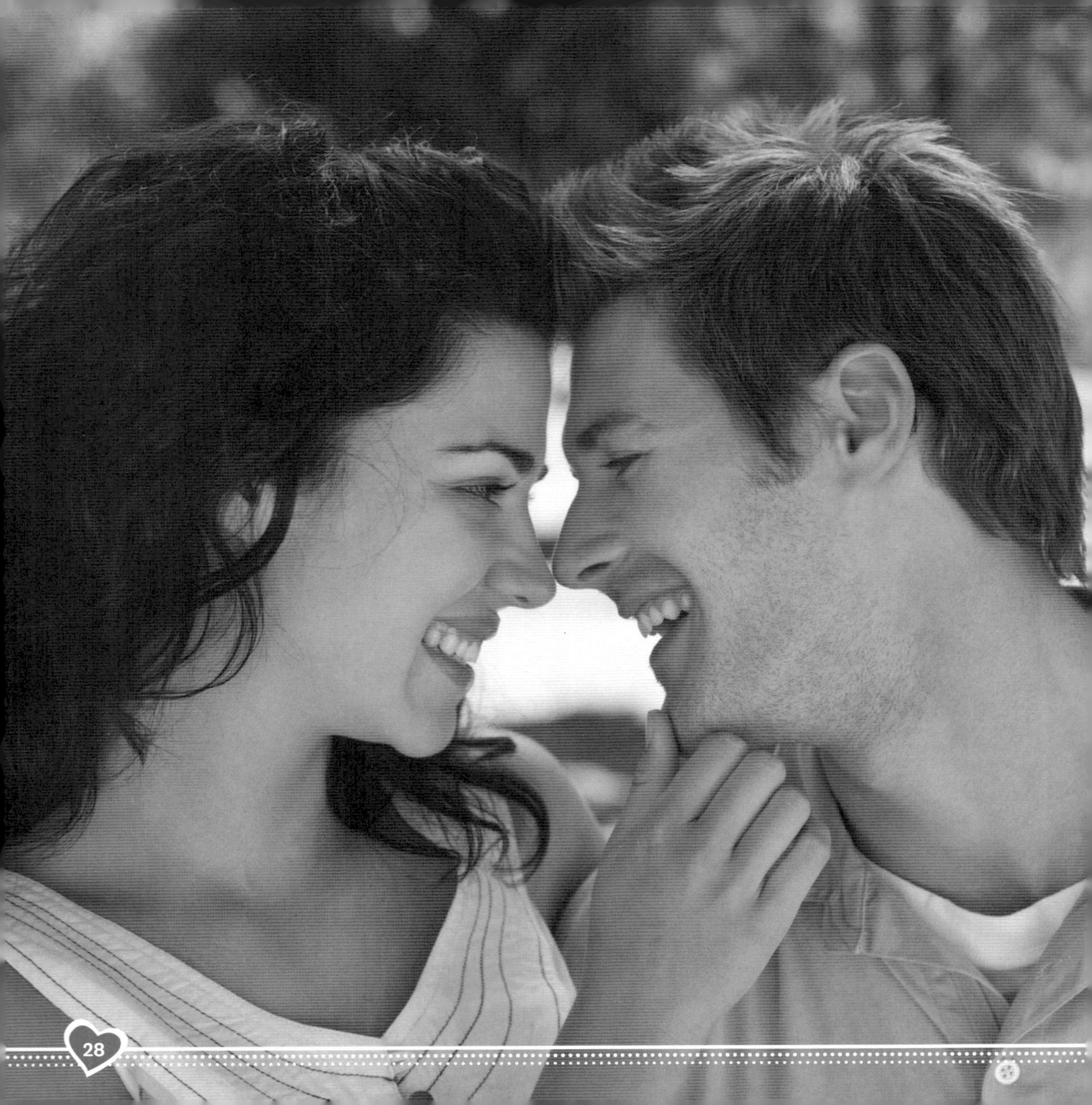

O verdadeiro amor é uma chama sagrada
Que queima eternamente
E ninguém pode apagar seu brilho especial
Ou mudar o seu destino.
O verdadeiro amor fala em tom gentil
E ouve com ouvido atento.
O amor verdadeiro se doa de coração aberto.
O amor verdadeiro afasta o medo.
O verdadeiro amor não trata mal.
Não é invejoso, não se enfurece.
O amor verdadeiro jamais é vencido.

Autor Desconhecido

Canto de amor (fragmentos...)

Eu vi-a e minha alma antes de vê-la
Sonhara-a linda como agora a vi;
Nos puros olhos e na face bela,
Dos meus sonhos a virgem conheci.

Era a mesma expressão, o mesmo rosto,
Os mesmos olhos só nadando em luz,
E uns doces longes, como dum desgosto.
Toldando a fronte que de amor seduz!

E seu talhe era o mesmo, esbelto, airoso
Como a palmeira que se ergue ao ar,
Como a tulipa ao pôr-do-sol saudoso,
Mole vergando à viração do mar.
Oh! vem, formosa, meu amor é santo,
É grande e belo como é grande o mar,
E doce e triste como d'harpa um canto
Na corda extrema que já vai quebrar!
Oh! vem depressa, minha vida foge...
Sou como o lírio que já murcho cai!
Ampara o lírio que inda é tempo hoje!
Orvalha o lírio que morrendo vai!...
Rio - 1858.

Casimiro de Abreu (1837 – 1860)

Fonte: http://www.dominiopublico.gov.br/pesquisa/DetalheObraForm.do?select_action=&co_obra=84561 acessado em 07/04/10.

Presságio

O AMOR, quando se revela,
Não se sabe revelar.
Sabe bem olhar p'ra ela,
Mas não lhe sabe falar.

Quem quer dizer o que sente
Não sabe o que há de dizer.
Fala: parece que mente...
Cala: parece esquecer...

Ah, mas se ela adivinhasse,
Se pudesse ouvir o olhar,
E se um olhar lhe bastasse
P'ra saber que a estão a amar!

Mas quem sente muito, cala;
Quem quer dizer quanto sente
Fica sem alma nem fala,
Fica só, inteiramente!

Mas se isto puder contar-lhe
O que não lhe ouso contar,
Já não terei que falar-lhe
Porque lhe estou a falar...

Fernando Fessoa (1888- 1935)

amor

É uma palavra simples
Porém composta de vários sentimentos,
É uma palavra doce
Porém tempera qualquer relação,
É uma palavra pequena
Porém engrandece todos os sentimentos,

É uma palavra leve
Porém pesa em qualquer coração,
É uma palavra única
Porém alimenta milhares de seres,
É uma palavra minha
Porém tornou de nós dois,
um só coração.

Autor desconhecido

eu amo...

Eu amo nossos momentos tranquilos
apenas nós dois
compartilhando um jantar,
lendo um jornal
assistindo TV,
quando podemos expressar nosso amor
sem dizer uma palavra.

Eu amo nossos momentos especiais,
quando estamos juntos
com a família e os amigos,
desfrutando umas férias,
um aniversário
ou nada em particular
os momentos quando ambos podemos
desfrutar a felicidade da vida
àqueles a quem amamos.

Momentos tranquilos
ou momentos especiais
Eu amo todos
os nossos momentos juntos,
porque eu
AMO VOCÊ.

Autor desconhecido

amor Real

amor não é se envolver com a pessoa perfeita,
aquela dos nossos sonhos.
Não existem príncipes nem princesas.
Encare a outra pessoa de forma sincera e real, exaltando suas qualidades, mas sabendo também de seus defeitos.
O amor só é lindo, quando encontramos alguém que nos transforme no melhor que podemos ser.

Autor desconhecido

Soneto CV

Não chame o meu amor de Idolatria
Nem de Ídolo realce a quem eu amo,
Pois todo o meu cantar a um só se alia,
E de uma só maneira eu o proclamo.

É hoje e sempre o meu amor galante,
Inalterável, em grande excelência;
Por isso a minha rima é tão constante
A uma só coisa e exclui a diferença.

'Beleza, Bem, Verdade', eis o que exprimo;
'Beleza, Bem, Verdade', todo o acento;
E em tal mudança está tudo o que primo,
Em um, três temas, de amplo movimento.

'Beleza, Bem, Verdade' sós, outrora;
Num mesmo ser vivem juntos agora.

William Shakespeare (1564-1616)

"ainda que desse tudo aos pobres, ainda que deixasse que me queimassem vivo, mas se não amasse os outros, eu não teria nenhum valor.

O amor é paciente e bondoso. Não é invejoso, nem orgulhoso; não é arrogante, nem grosseiro. O amor não exige que se faça o que ele quer. Não é irritadiço e dificilmente suspeita do mal que os outros lhe possam fazer.

Nunca fica satisfeito com a injustiça, mas alegra-se com a verdade.
O amor nunca desiste, nunca perde a fé, tem sempre esperança e persevera em todas as circunstâncias.
Há três coisas que hão-de perdurar: a fé, a esperança e o amor; e destas a principal é o amor."

(A Bíblia)

O amor e a amizade

Perguntei a um sábio
a diferença que havia
entre amor e amizade,
ele me disse essa verdade...

O Amor é mais sensível,
a Amizade mais segura.
O Amor nos dá asas,
a Amizade, o chão.

No Amor há mais carinho,
na Amizade compreensão.
O Amor é plantado
e com carinho cultivado,

a Amizade vem faceira,
e com troca de alegria e tristeza,
torna-se uma grande e querida
companheira.

Mas quando o Amor é sincero
ele vem com um grande amigo,
e quando a Amizade é concreta,
ela é cheia de amor e carinho.

Quando se tem um amigo
ou uma grande paixão,
ambos sentimentos coexistem
dentro do seu coração.

William Shakespeare (1564-1616)

A Falência do prazer e do amor
Fragmento XXI (trecho)

Amo como o amor ama.
Não sei razão para amar-te mais que amar-te.
Que queres que te diga, mais que te amo,
se o que quero dizer-te é que te amo?

Fernando Pessoa (1888- 1935)

Te amo

Te amo,
apenas pelo que és, mas pelo que sou
quando estou ao teu lado ...

... Te amo
não pelo que fazes de ti
mas pelo que estás fazendo de mim ...

... Te amo pelo que consegues
despertar em mim ...

... Te amo porque transformaste
meus esforços diários não numa
lamentação mas numa canção ...

... Te amo porque fizeste
muito mais do que jamais pensei que qualquer
pessoa fosse capaz para revelar
o que há de bom em mim.

Autor desconhecido

Os passageiros do ônibus observaram com simpatia enquanto a jovem atraente, com a bengala branca, subia cuidadosamente os degraus. Ela pagou ao motorista e, usando as mãos para sentir onde estavam os bancos, andou pelo corredor e encontrou o assento que ele lhe indicara, o qual estava vago. A seguir, sentou-se, colocou a pasta no colo e encostou a bengala na perna.

Há um ano, Susan, trinta e quatro anos, ficara cega. Devido a um erro médico, ela perdera a visão e, repentinamente, fora atirada a um mundo de sombras, ira, frustração e autocomiseração. Antes, Susan era uma mulher absolutamente independente e, agora, ela sentia-se condenada, por esse terrível golpe do destino, a tornar-se um fardo penoso para todos a seu redor.

- Como isso pôde acontecer comigo? - clamava ela, com o coração apertado de raiva.

Não importava quanto chorasse, reclamasse ou orasse, ela sabia a verdade cruel – sua visão não voltaria mais. Uma nuvem de depressão pendia sobre o espírito, antes otimista, de Susan. Atravessar o dia, agora, era um exercício de frustração e exaustão. E tudo que tinha para consolá-la era seu marido Mark.

Mark, oficial da força aérea, amava Susan de todo o coração. Quando ela ficou cega, ele a viu mergulhar no desespero e decidiu ajudar a esposa a ganhar a força e a confiança necessárias para tornar-se outra vez independente. O passado militar de Mark o treinara bem para lidar com situações delicadas. Sabia, entretanto, que aquela seria a batalha mais difícil que teria de enfrentar.

Susan sentiu-se finalmente pronta para voltar ao trabalho. No entanto, como ir até lá? Ela costumava tomar o ônibus; agora, porém, tinha muito medo de atravessar a cidade sozinha. Mark ofereceu-se para levá-la ao emprego todos os dias, embora trabalhassem em lados opostos da cidade.

No início, isso confortou Susan e satisfez a necessidade de Mark de proteger a esposa cega que se sentia muito insegura, até mesmo para desempenhar a menor tarefa. No entanto, em pouco tempo, Mark percebeu que o arranjo não estava funcionando – era caótico e dispendioso. Susan teria, novamente, de pegar o ônibus, admitiu ele para si mesmo. Só a ideia de mencionar isso a ela já fazia com que ele se encolhesse. Susan continuava tão frágil, tão irada! Como reagiria?

Como Mark previra, Susan ficou apavorada ao pensar em entrar novamente em um ônibus.

- Sou cega! - respondeu amargamente. - Como vou saber onde estou? Sinto que você está me abandonando.

O coração de Mark confrangeu-se ao ouvir essas palavras, mas ele sabia o que tinha de ser feito. Prometeu a Susan que toda manhã e tarde a acompanharia ao ônibus, pelo tempo que fosse necessário até que ela se sentisse segura. E foi exatamente isso o que aconteceu.

Durante duas semanas inteiras, Mark, com seu uniforme militar, acompanhou Susan na ida e na volta do trabalho, todos os dias. Ele ensinou a esposa a confiar em seus outros sentidos, especificamente a audição, a fim de determinar onde se achava e como se adaptar a seu novo ambiente. Fazer amizade com o motorista do ônibus, ajudou-a, pois ele poderia ficar a sua espera e reservar-lhe um lugar. Isso fez com que ela risse, mesmo naqueles dias não tão bons, em que tropeçava ao sair do ônibus ou deixava cair a pasta.

Eles iam juntos pela manhã e, após deixá-la, Mark tomava um táxi para seu escritório. Embora essa rotina fosse ainda mais cansativa do que a anterior, Mark sabia que era apenas uma questão de tempo até que Susan pudesse viajar sozinha de ônibus. Confiava nela, na Susan que conhecera antes de perder a visão, que não temia desafio algum e que nunca desistia.

Por fim, Susan decidiu que estava preparada para tentar sair sozinha. Chegou a manhã de segunda-feira e, antes de ir embora, abraçou Mark, seu companheiro temporário de viagem, seu marido e melhor amigo.

Os olhos de Susan encheram-se de lágrimas de gratidão pela lealdade, paciência e amor dele. Depois, despediu-se e, pela primeira vez, seguiram caminhos separados. Segunda, terça, quarta, quinta-feira... Cada dia foi perfeito, e Susan nunca se sentira melhor. Conseguira! Estava indo para o trabalho por conta própria!

Na manhã de sexta-feira, Susan tomou ônibus para o trabalho como de costume. Quando estava pagando a passagem para sair do ônibus, o motorista disse:

- Nossa! Como invejo você!

Susan não tinha certeza se ele estava falando com ela, ou não. Afinal de contas, quem invejaria uma mulher cega que se esforçara tanto para encontrar coragem para sobreviver neste ano que passara?

Curiosa, perguntou ao motorista:

- Por que está dizendo que me inveja?

O homem respondeu:

- Deve ser tão bom ser cuidada e protegida como você.

Susan não tinha ideia do que ele estava falando e, outra vez, perguntou:

- O que você quer dizer?

O motorista respondeu:

- Todas as manhãs, a semana inteira, um cavalheiro distinto, com uniforme militar, fica na esquina, observando você quando desce do ônibus. Ele verifica se atravessa direito a rua e vigia até que entre no prédio de seu escritório. Depois sopra um beijo, faz uma saudação e vai embora. Você é mesmo uma mulher de sorte.

Lágrimas de felicidade correram pelas faces de Susan, pois, embora, não pudesse vê-lo, ela sempre sentira a presença de Mark. Era afortunada, muito afortunada. Ele dera-lhe um presente mais poderoso do que a visão, um dom que não necessitava ver para crer – o dom do amor, que iluminava onde antes só havia escuridão.

Autor Desconhecido

"Eu não penso em mais nada a não ser você. A despeito de mim mesmo, minha imaginação me leva a você. Eu agarro você, beijo, acaricio, um milhão de carícias mais amorosas tomam posse de mim."

Trecho de carta de Honoré de Balzac (1799 – 1850), para a amada Evelina Hanska, junho 1836

"Até então, meu doce amor, mil beijos, mas não me dê nenhum de volta, pois eles deixariam o meu sangue em fogo."

Napoleão Bonaparte (1769-1821), em carta para a futura esposa Josephine, dezembro 1795.

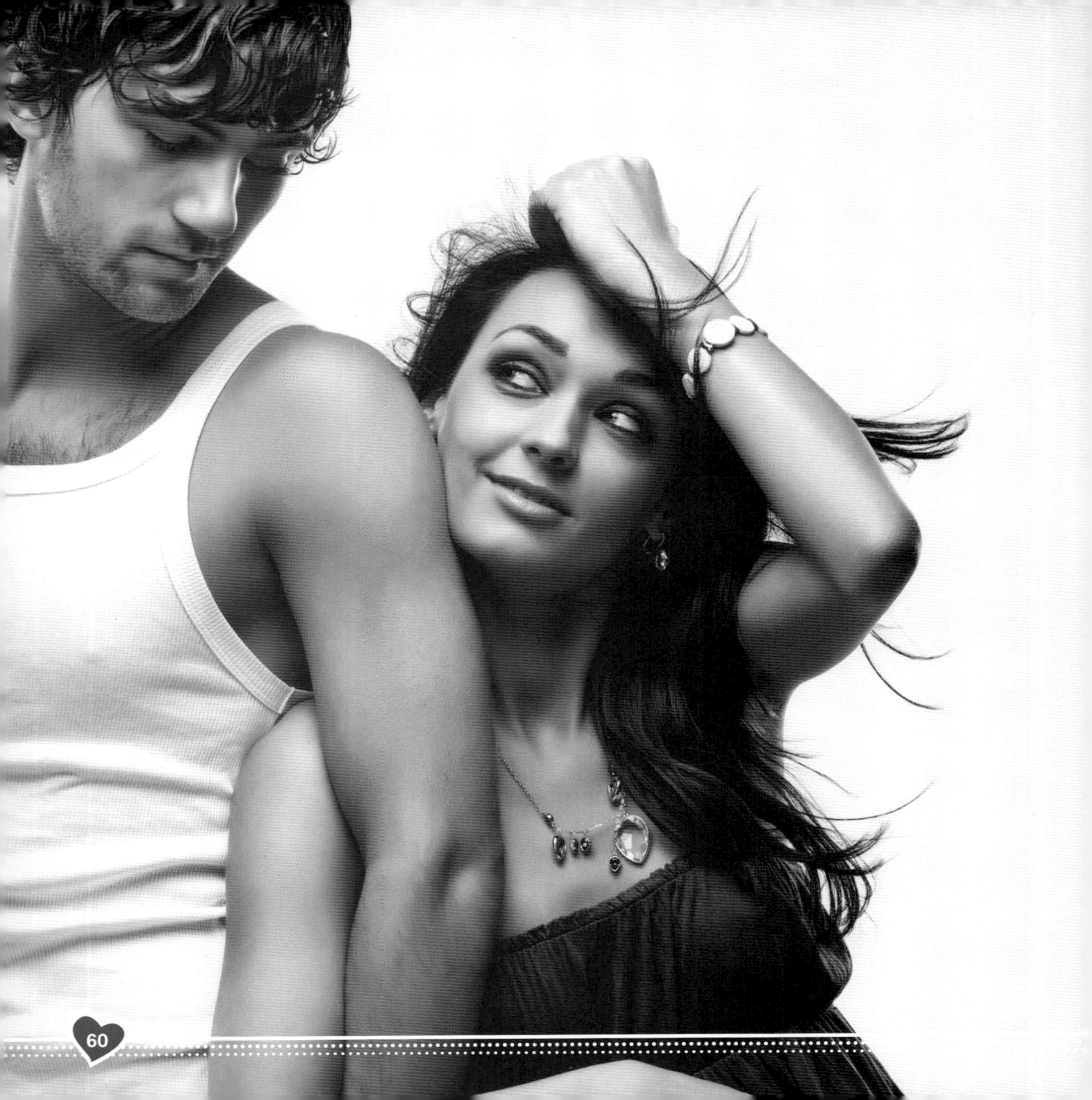

Meu segredo – à Senhora D (trecho)

E quem na vida não amara
um dia?
E nunca despertara ao som
de um beijo?

(Castro Alves (1847-1871)

Estou te amando e não percebo,
porque, certo, tenho medo.
Estou te amando, sim, concedo,
mas te amando tanto
que nem a mim mesmo
revelo este segredo.

Affonso Romano de Sant'Anna (1937)

Beijo Eterno (trecho)

Quero um beijo sem fim,
que dure a vida inteira e
aplaque o meu desejo!

Olavo Bilac (1865- 1918)

Os versos que te fiz (trecho)

amo-te tanto! E nunca te beijei...
E nesse beijo, amor, que eu te não dei
guardo os versos mais lindos que te fiz!

Forbela Espanca

"As paixões cegam.
O verdadeiro amor nos
torna lúcidos."

(Anônimo)

Não há muito que eu possa fazer, mas posso dividir meu pão com você e, algumas vezes, compartilhar uma tristeza também.

Não há muito que eu possa fazer, mas posso sentar-me por uma hora com você e rirmos juntos e, algumas vezes, compartilhar os reveses também.

Não há muito que eu possa fazer, mas posso dividir minhas flores e meus livros com você e, algumas vezes, dividir sua carga também.

Não há muito que eu possa fazer, mas posso compartilhar minhas canções e minha alegria com você e, algumas vezes, vir até aqui e rir com você.

Não há muito que eu possa fazer, mas posso compartilhar minhas esperanças e medos com você e, algumas vezes, derramar algumas lágrimas com você.

Não há muito que eu possa fazer, mas posso dividir meus amigos e minha vida com você e, muitas vezes, orar com você.

Autor Desconhecido

Sua opinião é importante para nós,
por gentileza envie seus comentários
pelo e-mail editorial@hagnos.com.br

UNITED PRESS
um selo editorial hagnos
Visite nosso site: www.hagnos.com.br

Esta obra foi composta na fonte
Goudy OldStyle Corpo 10,5/15
e impressa na imprensa da Fé.
São Paulo, Brasil, Outono de 2018